# Le Théâtre de la Chauve-Souris
## A MOSCOU

Le Théâtre de la Chauve-Souris, de Nikita BALIEFF, était une des curiosités artistiques et théâtrales de Moscou.

C'est au sein du Théâtre d'Art, dont la grande célébrité s'étendait bien au delà des frontières russes, que naquit la Chauve-Souris : ce fut au début un cercle intime, un endroit familier où, après l'heure du spectacle, allaient se délasser et se distraire mutuellement les artistes du Théâtre d'Art et leurs amis.

Bien que le Théâtre de la Chauve-Souris fut fermé au public, sa renommée grandissait d'autant plus qu'il était moins accessible.

Sous la pression du grand public, il fallut abattre la muraille de Chine qui protégeait cet intime Cercle d'art, et en faire un spectacle offert à la portée de tous.

L'entrée du public au Théâtre de la Chauve-Souris, n'en modifia point le caractère fondamental. Il est resté le théâtre de la bonne humeur, où une forme serrée et condensée s'unit à un coloris vigoureux et précis, où le goût des recherches les plus raffinées et les plus piquantes fut porté au plus haut degré.

On y a conservé le culte de la stylisation, du jeu harmonieux des couleurs, de l'expression concentrée, et l'on s'est efforcé d'y entretenir entre la scène et l'auditoire une intime communion de sensations et d'idées.

Telle est la trame lumineuse de toutes les créations de la Chauve-Souris, qu'il s'agisse d'une charge, d'une bouffonnerie, d'une satire ou de la mise en scène de quelque œuvre littéraire ou musicale.

Toutes les ressources de l'esthétique : parole, mimique, musique, peinture, danses ont été mises en œuvre à la Chauve-Souris et cette synthèse a toujours atteint la hauteur de l'art le plus pur.

Le Théâtre de la Chauve-Souris, bien que russe, avant tout puise ses richesses dans la musique et la littérature universelle et a inscrit sur son étendard cette devise : " Faire de chacune de ces créations un joyau ciselé. "

---

*La Direction se réserve le droit de modifier le programme en cas de maladie des Artistes.*

**Mise en scène de Nikita Balieff.**

Décors et Costumes des numéros II, III, V, VI, VIII, IX, X, XI et XIII du Programme dessinés et exécutés par N. Remisoff; des numéros I, IV et VII, dessinés et exécutés par S. Soudeikine.

Chef d'Orchestre : Lucien Wurmser — Au Piano : M. Elie Zlatine

Chorégraphie : M<sup>me</sup> Anderson

Les costumes du n° V sont exécutés par la Maison Granier.
Ceux du n° I par la Maison Marie Muelle, André Rossignol, Successeur.
Ceux du n° XII par la Maison Germaine Bonafous.
Les autres, par les ateliers de la "Chauve-Souris", dirigés par M. et Mme Nemensky.
Les poupées du « Bon Médecin » (n° IV du programme) sont exécutées, d'après les maquettes et dessins de S. Soudeikine, par Mme Nina Alexandrowicz.
Coiffures de la Maison Pontet-Bondon, L. Vivant, Successeur.

**Direction " Société Nikita Balieff & C<sup>ie</sup> " :**

*Directeur artistique* : N. Balieff. — *Directeur administrateur* : M. Wavitch — *Administrateur* : K. Primak
*Secrétaire général* : S. Kougoulsky

**M. NIKITA BALIEFF**
FONDATEUR ET DIRECTEUR ARTISTIQUE DU
THÉATRE DE LA CHAUVE-SOURIS

Aquarelle de Soudeikine pour les costumes de " KATINKA "

Le pere : M. DALMATOFF          Katinka : Mme NIKITINA          La mère : Mme SOLOVIEVA

# Le Théâtre de la Chauve-Souris

Vers la fin de l'année passée, au moment où les théâtres sévissaient avec rage pour faire passer leurs nouveaux spectacles au temps de la Noël, arrivèrent à Paris les émigrés russes du Théâtre de la Chauve-Souris de Moscou, sous la direction de N. Balieff. Ils louèrent, avec leurs communes ressources, le Théâtre Fémina, où, par ce temps de pénurie de logements, la chance les conduisit

Qu'allait-il advenir de cette compagnie d'artistes, fuyant sans leur matériel l'enfer de Moscou, pour venir à la lumière de Paris chercher son appui, son réconfort, et sa consécration artistique ?

Paris les comprendrait-il, applaudirait-il leur art coloré et délicat, leurs programmes coupés en tableaux d'une synthèse si originale ?

Tout d'abord, ils passèrent un peu inaperçus dans le grand tohu-bohu de fin d'année. Puis, la réclame « parlée » faite d'un étonnement admiratif, se joignant à celle de la grande presse, Paris fut bientôt averti.

Paris accourut, mains tendues, avec sa vive et compréhensive sensibilité ; il adopta d'enthousiasme Balieff, ses peintres, grands décorateurs, et sa troupe, applau-

dissant de tout son cœur à cette excellente école de mise en scène.

Le deuxième spectacle monté par Nikita Balieff dépasse encore en éclat le précédent programme.

Mise en scène, féerie chatoyante des couleurs, riche mosaïque des tons, science profonde des éclairages et des valeurs : tout contribue au succès de ces numéros si artistement montés par ce remarquable metteur en scène.

Balieff, inspirateur et habile animateur, sait tirer de chaque valeur individuelle de sa troupe le maximum de talent, et il en discipline la collectivité avec une rare sagacité... Tel artiste qui, dans le précédent spectacle n'avait qu'un rôle de second plan, surgit au premier dans celui-ci, telle Mme Nikitina, qui a stylisé, avec une originale et savoureuse fantaisie, le personnage dansé et mimé de Katinka, danseuse têtue, pendant que le dialogue des parents — Mme Solovieva, M. Dalmatoff — scande la « vieille polka » dansée sur place, d'un rythme si endia-

" LES TABATIÈRES DES GRANDS SEIGNEURS RUSSES "
Le Schah de Perse : M. DALMATOFF
*Maquette de Soudeikine.*

blé, qu'il finit par entraîner père et mère eux-mêmes. Le comique de cette scène cocasse est tel, qu'un « bis » unanime le redemande chaque soir d'enthousiasme

Le tableau, haut en couleurs, dû au peintre Soudeikine, est d'ailleurs charmant, comme le costume de la danseuse, un peu parent de celui de « Petrouchka », mais d'une composition originale et plus vibrante de tonalité.

Quel document exquis vous apporte, mesdames, le petit chapeau second Empire, penché sur l'oreille de Tuileries en 1814 ; par Mme Karabanova dans *la Marquise*, réminiscence de notre XVIIIe siècle; par M. Malakoff dans *Voltaire*, par M. Dalmatoff dans *le Schah de Perse*.

Mme Anderson et M. Svoboda font valoir leur élégante chorégraphie sur une mazurka de Chopin, dans un éclairage d'un effet romantique fort séduisant. Ils sont égale-

## " LES MOTS HISTORIQUES "

HENRI IV et " LA POULE AU POT ".

LOUIS XIV : " L'ETAT C'EST MOI,".

*Maquettes de Remisoff.*

*Photo Delphi*

Le Gueux : M. LAMPIN.
Henri IV : M. GILINSKY.

*Photo Delphi*

Louis XIV : Mme BASMANOVA.
La Marquise : Mme NICOLAEVA

*Réalisation en ombres chinoises des maquettes ci-dessus.*

Katinka, semblant à peine se poser sur l'or des cheveux de la trépidante danseuse...

*Les Tabatières des Grands Seigneurs russes* ouvrent le programme, par quatre petits tableaux précieux et colorés présentés par Mme Nicolaeva et M. Lampin, dans *l'Adieu d'un Cosaque russe*, évocation du décor des ment fort applaudis dans *le Trépak* de la deuxième partie du programme.

Mme Deykarkhanova et M. Gorodetzky miment et chantent un «duetto» sentimental dans un joli décor; et les«Houzards noirs», sur un tableau profond de couleur, chantent une vieille chanson de houzards où, d'un chœur de belles voix slaves, se détache le solo de M. Wavitel qui conduit aussi les chœurs tziganes de la seconde partie.

***

Le morceau capital de ce programme si varié est *la Fontaine de Bakhtchisaraï*, poème de Pouchkine, célèbre auteur russe.

Car ce petit théâtre se hausse, grâce à Balieff, aux drame pour que nous en saisissions toutes les nuances.

La musique de ce poème oriental, due à M. Arkhangelsky, en souligne curieusement la couleur dans les différentes phases, et notamment, la mélopée des lamentations des femmes du khan rythme avec bonheur les balancements des pleureuses qui rappellent les « voceri » des femmes corses.

Il faut louer sans réserves la vibrante couleur de ce ta-

« LA FONTAINE DE BAKHTCHISARAÏ »

Marie  
Mme KARABANOVA.

Zarema  
Mme DEYKARKHANOVA.

manifestations d'art d'une grande scène, dont nous n'avons pas à Paris l'équivalent, en ce genre synthétisé, — qui réunirait, comme ici, l'art décoratif dans sa plus curieuse expression, la mimique, le chant, la danse, et une mise en scène impeccable dans la simplification du décor, exécuté par des virtuoses de la couleur.

Le beau poème de Pouchkine nous échappe quant à son côté littéraire, mais le schéma du drame nous est éloquemment révélé par le jeu et la mimique expressive des artistes : Mmes Deykarkhanova, d'un tempérament dramatique violent, dans Zarema, la favorite; Karabanova (dans Maria, la captive), qui contraste avec sa rivale par une note touchante d'un lyrisme mesuré, caractéristique du pessimisme slave ; MM. Gilinski (le khan); et Vermeil, silhouette curieuse de l'eunuque.

Le jeu de la favorite déchue et celui de la belle Polonaise captive convoitée par le khan, sont assez descriptifs du bleau d'un orientalisme chaud et lumineux où se jouent les costumes particulièrement réussis de la favorite, du khan et de ses femmes. Cette atmosphère, créée par le décorateur russe Soudeikine et animée par Balieff, est d'une pure beauté qui, sans s'apparenter à l'inoubliable *Schéhérazade* de Bakst, laisse loin en arrière la *Sumurun*, de Reinhardt (n'est-ce pas, Monsieur Antoine?) dont la lourdeur germanique n'eût pu soutenir la moindre comparaison avec ce tableau russe d'un art achevé.

***

A ce bel effort artistique, qu'on ne saurait trop remercier M. Balieff d'avoir réalisé, succède la gavotte *Sous l'œil des Ancêtres*, dansée avec grâce par Mmes Karabanova et Nikitina, et chantée dans leurs cadres d'aïeux par Mme Efremova et M. Malakoff.

Mme LEBOUR — Mme SOLOVIEVA — Mme NIKITINA
Mme DIANINA — Mme NAZARIAN — Mme KONIEKHOVSKAÏA

Aquarelle de Soudeikine pour le décor (côté gauche) et les costumes de "La Fontaine de Bakhtchisaraï".

# LA CHAUVE-SOURIS

## DE MOSCOU

### de NIKITA BALIEFF

au Théâtre Femina

## SPECTACLE COMPOSÉ

### DES MEILLEURS NUMÉROS DU PREMIER
### DU DEUXIÈME ET DU TROISIÈME PROGRAMME

AVRIL 1921

*Tous les Tableaux du Programme sont présentés par M. NIKITA BALIEFF*

Pour chaque changement de spectacle est édité par *Comœdia Illustré* un programme où sont publiés les maquettes des décors, les dessins des costumes et les photographies des mises en scène les plus caractéristiques du Théâtre de la " Chauve-Souris ".

Ces programmes formeront une collection précieuse que rechercheront les bibliophiles et les amateurs de théâtre d'art.

Les illustrations du présent programme se rapportent au troisième spectacle (mars 1921).

Dans le programme suivant seront publiés les documents concernant le spectacle actuel.

# PROGRAMME

❖

*ORCHESTRE*

**Variationnettes sur un air populaire russe** .. .. .. .. .. .. LUCIEN WURMSER

*Dédiées à N. BALIEFF*

---

**I.   Les Porcelaines de Sèvres.**
Musique d'après la vieille chanson française " Sur le pont d'Avignon ".
*(Décor et Costumes de SOUDEIKINE)*
Mmes KARABANOVA et DIANINA

**II.   Romances russes.** Musique de GLINKA
*(Décor et costumes de SOUDEIKINE)*
Mmes BIRS et ERSCHOVA
M. BIRS

**III.   Le Roi a fait battre tambour,** chanson ancienne.
*(Décor et costumes de RÉMISOFF)*
Mmes DIANINA, KARABANOVA et NICOLAEVA
MM. GILINSKY et MALAKOFF

**IV.   C'était au mois de Mai,** duetto sentimental.
*(Costumes de RÉMISOFF)*
Mme DEYKARKHANOVA et M. GORODETZKY

**V.   La chirurgie.**
*(Décor et costumes de RÉMISOFF)*
Pièce tirée d'une nouvelle de TCHEKHOFF.
MM. GILINSKY et KOLINE

**VI.   Le bon Médecin.**
D'après le vieux théâtre français, de l'époque de Molière.
*(Décor et costumes de SOUDEIKINE)*
Mmes DIANINA et KARABANOVA
MM. DALMATOFF, GORODETZKY et MALAKOFF

—— **ENTR'ACTE** ——

### VII. **Au son des cloches du Campanile.**
*(Décor et costumes de RÉMISOFF)*

Au siècle d'or du Décaméron.

*Camilla* . . Mmes DEYKARKHANOVA  
*Péronelle.* . . . . KARABANOVA

*Lazarino.* . MM. GORODETZKY  
*Pinuchi* . . . . . KOLINE

*Bruno Pinuchi, vieil époux de la belle Camilla, est absorbé par les prières et les jeûnes, et refuse toute caresse à sa femme. Celle-ci, agacée d'être ainsi négligée, se laisse conter par sa servante Péronelle que, depuis longtemps déjà, le jeune Lazarino se meurt d'amour pour elle et la guette à sa fenêtre. Un rendez-vous est accordé sous condition que le galant revêtira l'habit de moine pour ne pas éveiller la jalousie du mari. Les amants sont surpris par Bruno, qui éprouve pour sa femme un attrait nouveau. Camilla le repousse en prétextant qu'on fait maigre à présent, et Lazarino profite de sa qualité de moine pour rosser d'importance cet homme pieux qui pense à l'amour au moment du carême.*  
*Le Tartuffe est puni et l'amour des jeunes gens triomphe.*

### VIII. **Que les roses étaient belles, que les roses étaient fraîches...**
*(Décor et costumes de RÉMISOFF)*

Poème en prose de TOURGUENIEFF.

M. MALAKOFF

### IX. **Quatuor comique.**
*(Costumes de REMISOFF)*

MM. GILINSKY, GONTCHAROFF, GORODETZKY et ZOTOFF

### X. **Katinka** (Vieille Polka de l'époque 1860)
*(Décor et costumes de SOUDEIKINE)*

Mmes KARABANOVA et DIANINA ; M. DALMATOFF

—————— ENTR'ACTE ——————

### XI. **Sous l'œil des ancêtres** (Ancienne Gavotte).
*(Décor et costumes de RÉMISOFF)*

*Les portraits :* Mme DEYKARKHANOVA et M. MALAKOFF

*Les danseurs :* Mmes DIANINA et KARABANOVA

### XII. **Les Hussards noirs** (Vieille Chanson des Hussards).

*Solo :* M. WAVITCH

*Le chœur :* MM. BIRS, GILINSKY, GORODETZKY, GONT-CHAROFF, MALAKOFF et ZOTOFF

## XIII. **Tard le soir dans la forêt,** chanson populaire russe.
### Mme ERSCHOVA et M. KOLINE

Tard le soir, de la forêt,
Comme je rentrais les vaches,
Au bord du petit ruisseau,
Près de la verte prairie,

J'aperçois un beau seigneur
— Ses deux chiens allaient devant,
Ses deux chiens allaient devant,
Et ses deux laquais derrière —

A peine m'eut-il rejointe,
Il jette un regard sur moi ;
" Bonjour, — me dit-il — ma belle
Dis-moi quel est ton hameau ? "

— Je suis une paysanne,
Lui répondis-je, Monsieur ;
Et si vous connaissez Pierre,
J'appartiens à sa famille.

— N'est-ce pas toi, ma colombe,
Que désire Egor pour bru ?
Mais son fils ne te vaut guère ;
Tu n'es pas faite pour lui.

Demain, demain, tu sauras
L'heureux destin qui t'attend.
Toi, paysanne aujourd'hui,
Demain seras une dame.

— Accourez, ô mes compagnes.
Accourez toutes vers moi ;
Plaignez-moi, car le seigneur,
Le seigneur veut m'épouser.

Et bien, oui, je serai dame,
Mais je n'oublierai pas Pierre ;
Je toucherai les fermages ;
Et Pierre en aura sa part !

## XIV. **Chœur des frères Zaitseff.**
*(Décor et costumes de RÉMISOFF)*

Au restaurant moscovite Egoroff.

*Le chef du chœur :* M. M. WAVITCH

*Le chœur :* MM. BIRS, DALMATOFF, GILINSKY,
GONTCHAROFF, GORODETZKY, KOLINE,
MALAKOFF et ZOTOFF

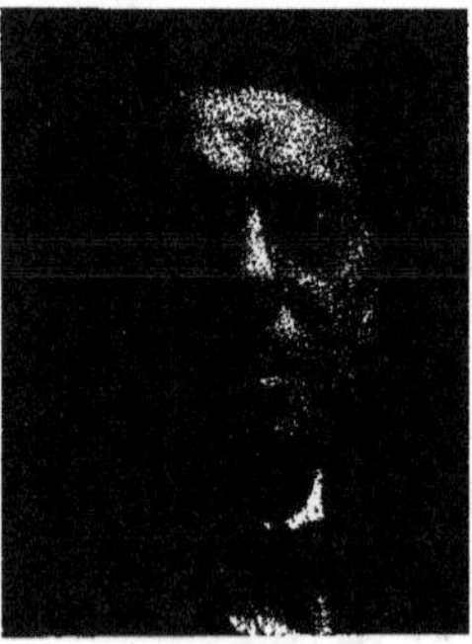

*Photo Choumoff.*

**M. WAVITCH**
DIRECTEUR-ADMINISTRATEUR DU THÉÂTRE
DE LA CHAUVE-SOURIS

IMP. G. KADAR — PARIS

# "LA FONTAINE DE BAKHTCHISARAÏ"

L'Eunuque : M. VERMEIL    Marie : Mme KARABANOVA    Gireï Khan : M. GILINSKY    Zarema : Mme DEYKARKHANOVA

Aquarelle de Soudeikine pour le décor (côté droit) et les costumes de " La Fontaine de Bakhtchisaraï ".

## "TARD LE SOIR, DANS LA FORÊT", chanson populaire russe.

II° Tableau. — Décor de Soudeïkine, avec les figures animées.

Le Seigneur : M. ZOTOFF.          La Jeune Fille : Mme VALERSKAÏA.

Tard le soir, de la forêt,
Comme je rentrais les vaches,
Au bord du petit ruisseau,
Près de la verte prairie,
J'aperçois un beau seigneur
— Ses deux chiens allaient devant,
Ses deux chiens allaient devant,
Et ses deux laquais derrière. —
A peine m'eut-il rejointe,
Il jette un regard sur moi :
« Bonjour, me dit-il, ma belle,

Dis-moi quel est ton hameau ?
— Je suis une paysanne,
Lui répondis-je, Monsieur ;
Et si vous connaissez Pierre,
J'appartiens à sa famille.
— N'est-ce pas toi, ma colombe,
Que désire Egor pour bru ?
Mais son fils ne te vaut guère ;
Tu n'es pas faite pour lui.
Demain, demain, tu sauras

L'heureux destin qui t'attend.
Toi, paysanne aujourd'hui,
Demain seras une dame.
— Accourez, ô mes compagnes,
Accourez toutes vers moi ;
Plaignez-moi, car le seigneur,
Le seigneur veut m'épouser.
Eh bien, oui, je serai dame,
Mais je n'oublierai pas Pierre ;
Je toucherai les fermages ;
Et Pierre en aura sa part !

III° Tableau. — Décor de Soudeïkine avec les figures animées.

## "LES POSES PHOTOGRAPHIQUES"

Un pompier et su bonniche
M. GILINSKY     Mme NICOLAEVA

Un agent de police et une nourrice
M. GREANINE     Mme KARABANOVA

Un avocat et sa fiancée
M. ZOTOFF     Mme EFREMOVA

Une famille de marchands moscovites
Mme NIKITINA     M. LAMPIN
M. DALMATOFF     Mme SOLOVIEVA

Maquette de Remisoff pour "C'ÉTAIT AU MOIS DE MAI", duetto sentimental.
Mme DEYKARKHANOVA et M. GORODETZKY

Maquette de Remisoff pour "SOUS L'ŒIL DES ANCETRES", ancienne gavotte.
Mme KARABANOVA    M. MALAKOFF                    Mme EFREMOVA    Mme NIKITINA

# Répertoire de la Chauve-Souris


I. **LA DAME DE PIQUE** .. .. .. .. .. .. .. .. ARKHANGELSKI
Sept tableaux, d'après le roman de
POUCHKINE.

II. **LE DÉMON** .. .. .. .. .. .. .. .. .. .. LERMONTOFF
Drame en 2 tableaux.

III. **ROMAN AVEC CONTREBASSE** .. .. .. .. TCHEKHOFF
Satire en 1 acte.

IV. **LE MANTEAU.** .. .. .. .. .. .. .. .. GOGOL
Drame en 7 tableaux.

V. **LA BROUILLE D'IVAN IVANOVITCH
ET D'IVAN NIKIFOROVITCH** .. .. .. GOGOL
Comédie en 2 actes.

VI. **LA MÈRE** .. .. .. .. .. .. .. .. .. .. MAXIME GORKY
Drame en 1 acte.

VII. **LE CABARET ROUGE** .. .. .. .. .. .. BIÈLAEFF
Pièce en 1 acte.

VIII. **MENUET**, d'après .. .. .. .. .. .. .. .. GUY DE MAUPASSANT
Poème avec chant et danse.

IX. **FLEUR DE THÉ** .. .. .. .. .. .. .. .. .. LECOCQ
Opérette en 1 acte.

X. **LE MARIAGE AUX LANTERNES** .. .. OFFENBACH
Opérette en 1 acte.

XI. **LES ROMANCES** .. .. .. .. .. .. .. .. .. MOUSSORGSKY
Chant et mises en scène.


## AVIS AUX SPECTATEURS

*Pour chaque spectacle est édité avec soin un nouveau programme qui reproduit, avec les commentaires des pièces représentées, les plus intéressants dessins des décors et costumes du spectacle précédent.*

*La réunion de ces programmes permettra d'embrasser tout l'effort du Théâtre de la Chauve-Souris. Le précieux volume ainsi constitué sera un document que les bibliophiles et les amateurs de théâtre d'art se disputeront.*

www.ingramcontent.com/pod-product-compliance
Lightning Source LLC
LaVergne TN
LVHW011041050726
842519LV00004B/1476